¿DE DÓNDE VINO LA TIERRA?
WHERE DID THE EARTH COME FROM?

Dr. Joshua Lawrence Patel Deutsch

Al inicio de todo, hace casi 14 mil millones de años, toda la materia y la energía del universo existían en un espacio pequeño, inimaginablemente denso y caliente. Es posible que nuestro universo haya comenzado siendo no más grande que una persona.

In the beginning, nearly 14 billion years ago, all of the matter and energy in the universe existed in a small space, unimaginably dense and hot. Our universe may have begun no bigger than a person.

A partir de ese momento, la materia y la energía se dispersaron en todas direcciones. Se expandió del tamaño de una persona a un tamaño astronómico en una fracción de segundo. Este fue el nacimiento de nuestro universo, un evento conocido como Big Bang.

From that moment, the matter and energy spread apart in all directions. It expanded from the size of a person to an astronomical size in a fraction of a second. This was the birth of our universe, an event known as the Big Bang.

Los científicos conocieron el Big Bang observando las estrellas. En la década de 1910, el astrónomo Vesto Slipher observó que la mayoría de las estrellas distantes se alejan de nosotros en todas direcciones. En la década de 1920, el astrónomo Edwin Hubble calculó que cuanto más distante está una estrella, más rápido se aleja. Estas observaciones revelaron que el universo se está expandiendo. Además, al medir el movimiento de las estrellas hacia atrás en el tiempo, queda claro que cuanto más retrocedemos, las estrellas se acercan más. Los científicos calculan que toda la materia se originó en el mismo lugar hace unos 14 mil millones de años.

Edwin Hubble (1889-1953)

Scientists learned about the Big Bang by observing the stars. In the 1910's, astronomer Vesto Slipher noticed that most of the distant stars are racing away from us in all directions. By the 1920's, astronomer Edwin Hubble calculated that the more distant a star is, the faster it's moving away. These observations revealed that the universe is expanding. Moreover, by measuring the movement of stars backwards through time, it becomes clear that the further back we go, the stars get closer together. Scientists calculate that all matter originated in the same place around 14 billion years ago.

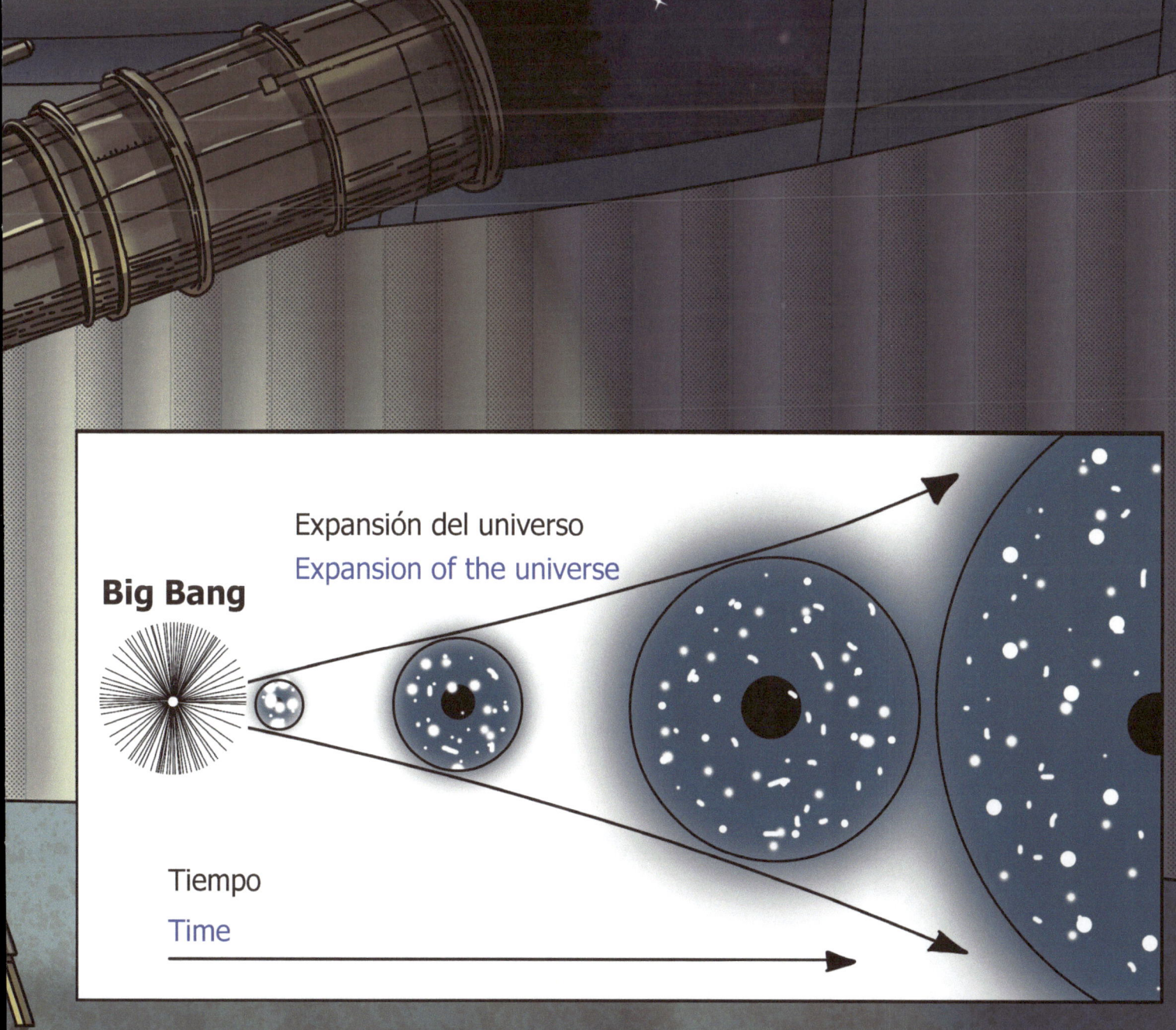

Big Bang

Expansión del universo
Expansion of the universe

Tiempo
Time

La teoría del Big Bang fue ampliamente aceptada después de 1965, cuando científicos con telescopios especializados detectaron ondas de energía del Big Bang llamadas radiación cósmica de fondo de microondas. Estas ondas se propagan uniformemente por el espacio exterior y coinciden con las características esperadas de las ondas de energía producidas por el Big Bang.

The Big Bang theory became widely accepted after 1965 when scientists with specialized telescopes detected energy waves from the Big Bang called cosmic microwave background radiation. These waves are evenly spread through outer space and match the expected characteristics for energy waves produced by the Big Bang.

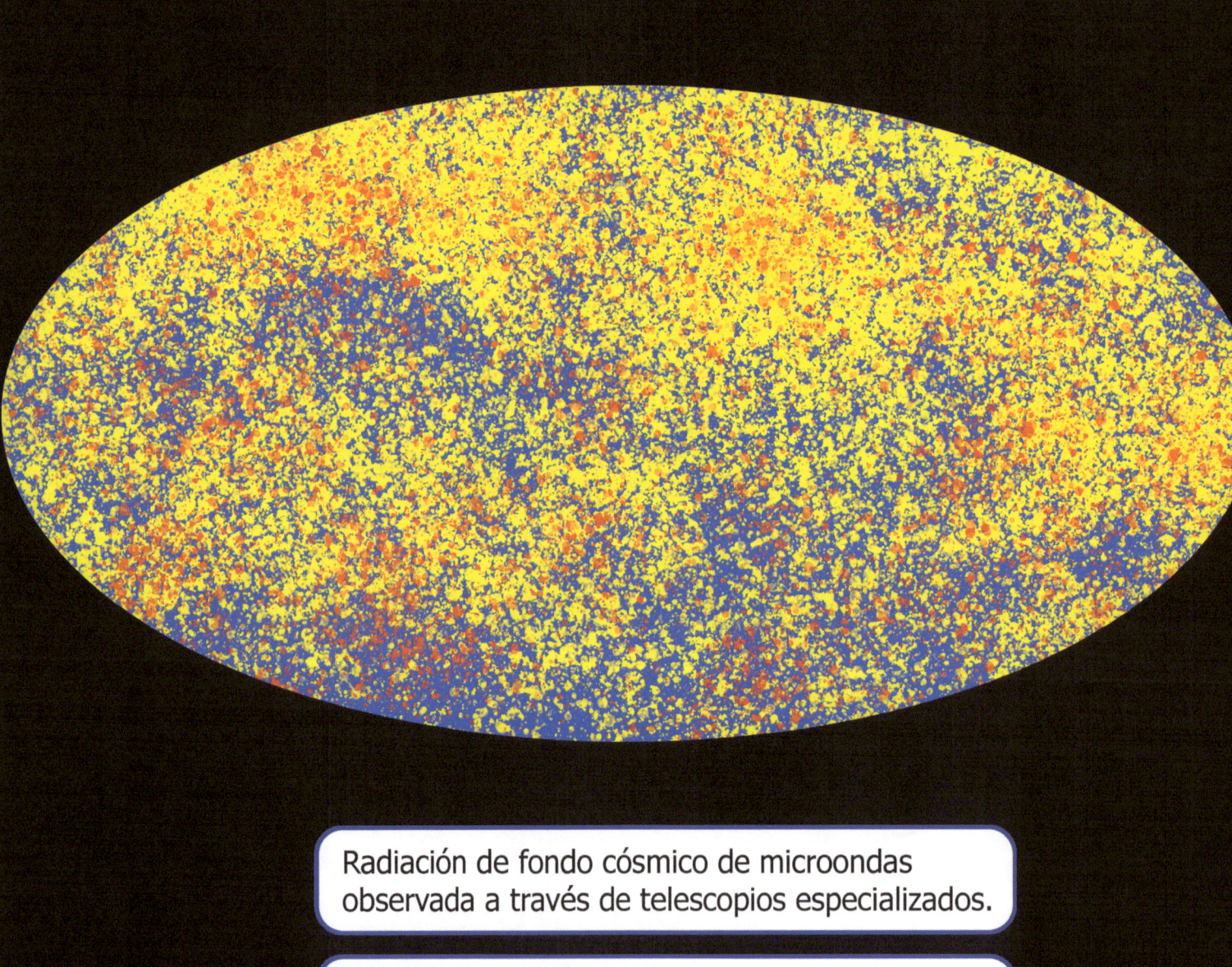

Radiación de fondo cósmico de microondas observada a través de telescopios especializados.

Cosmic microwave background radiation as observed through specialized telescopes.

Después del Big Bang, la mayor parte de la materia del universo era "materia oscura" invisible. El resto de la materia constituye todo lo que podemos ver. En cuestión de minutos, esta materia ordinaria se transformó en los núcleos de átomos de hidrógeno y helio, los más pequeños y comunes de todos los átomos. Estos átomos se agruparon en gigantescas nubes de gas, incluso mientras el universo seguía expandiéndose.

After the Big Bang, most of the matter in the universe was invisible "dark matter." The rest of the matter makes up everything we can see. Within minutes, this ordinary matter formed into the cores of hydrogen and helium atoms, the smallest and most common of all atoms. These atoms clustered into giant clouds of gas, even as the universe continued to spread apart.

Los átomos son los componentes básicos de la materia normal. Son demasiado pequeños para ser vistos, pero son detectables y mensurables mediante métodos científicos. Si rompes cualquier objeto en pedazos pequeños y sigues rompiéndolos una y otra vez, terminarás con átomos. Los átomos, a su vez, están formados por partículas aún más pequeñas, que se agrupan para formar los 92 tipos diferentes de átomos que se encuentran en la naturaleza. Diferentes combinaciones de átomos son responsables de las diferencias que vemos en los objetos ordinarios. Por ejemplo, el agua se diferencia del concreto porque las dos sustancias están formadas por diferentes combinaciones de átomos.

Atoms are the building blocks of ordinary matter. They are too small to be seen, but are detectable and measurable through scientific methods. If you break any object into tiny pieces, and keep breaking the pieces apart again and again, you end up with atoms. Atoms, in turn, are made from even tinier particles, which group together to form the 92 different types of atoms found in nature. Different combinations of atoms are responsible for the differences we see in ordinary objects. For example, water is different from concrete because the two substances are made from different combinations of atoms.

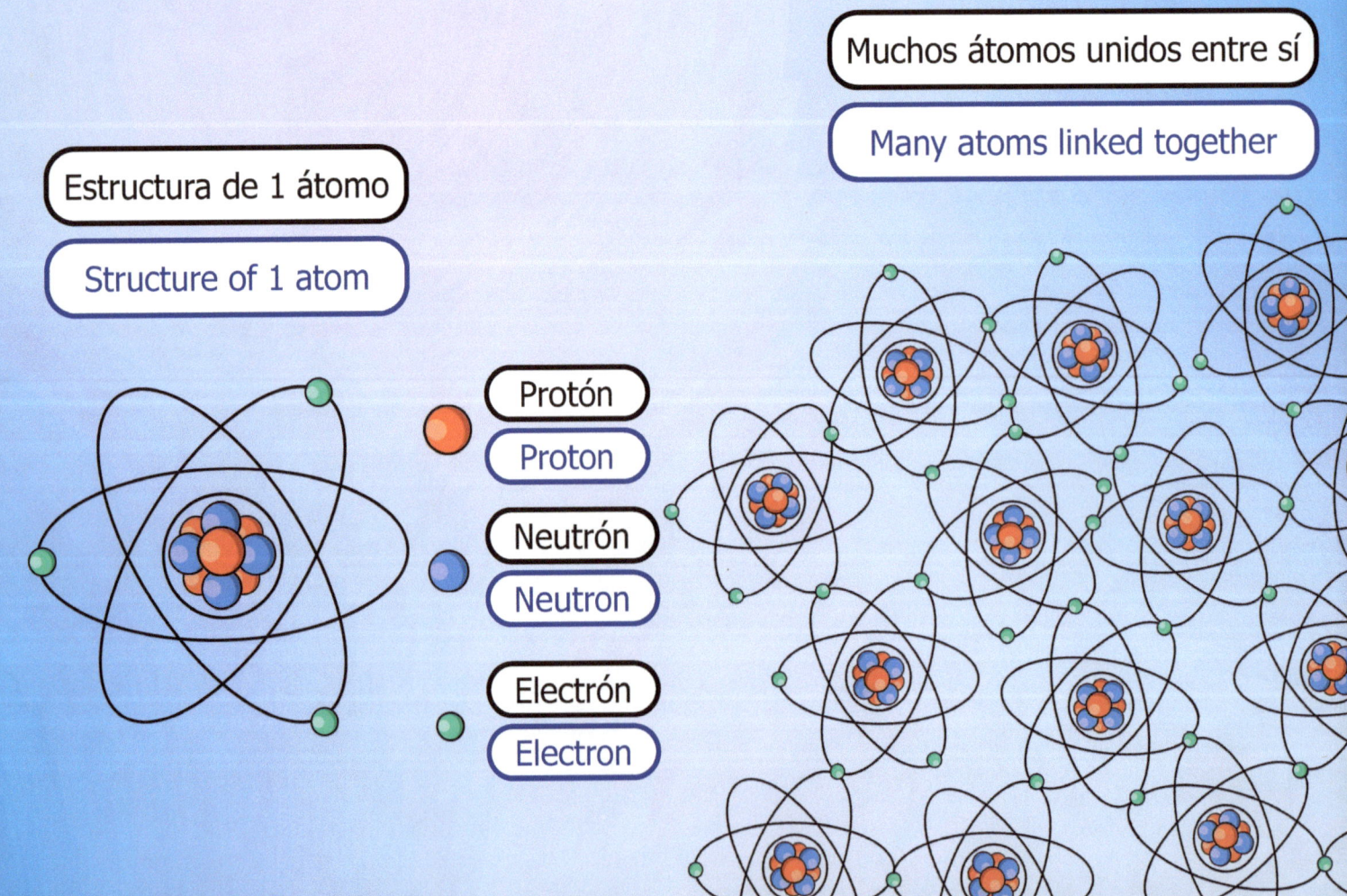

Muchos átomos unidos entre sí

Many atoms linked together

Estructura de 1 átomo

Structure of 1 atom

Protón
Proton

Neutrón
Neutron

Electrón
Electron

La materia tiene una fuerza llamada gravedad que atrae los objetos entre sí. Cuanto más pesado es el objeto, más fuerza gravitacional tiene. La gravedad de la Tierra te empuja hacia el suelo cuando saltas. Si la Tierra no tuviera gravedad, ¡podrías saltar hacia el espacio exterior!

Matter has a force called gravity that pulls objects towards each other. The heavier the object, the more gravitational force it has. The Earth's gravity pulls you back to the ground when you jump. If the Earth did not have gravity, you could jump up to outer space!

Fuerza de gravedad
Force of gravity

Debido a la fuerza de la gravedad, las nubes de gas de átomos de hidrógeno y helio, formadas después del Big Bang, se condensaron en estrellas y planetas. La formación de estrellas y planetas lleva millones de años y ¡siguen naciendo nuevas estrellas y planetas incluso hasta el día de hoy! Recuerda que la mayor parte de la materia del universo es "materia oscura" invisible, que también tiene gravedad. La gravedad de la materia oscura juega un papel importante en la organización del universo. De hecho, aprendimos sobre la materia oscura midiendo una gravedad superior a la que podría producir la materia ordinaria.

Due to the force of gravity, the gas clouds of hydrogen and helium atoms, formed after the Big Bang, condensed into stars and planets. Star and planet formation takes millions of years and new stars and planets continue to be born! Remember that most of the matter in the universe is invisible "dark matter," which also has gravity. Dark matter's gravity plays an important role in organizing the universe. In fact, we learned about dark matter by measuring gravity in excess of what ordinary matter could produce.

Formación de estrellas y planetas
Star and planet formation

1. Se forma una nube gigante de gas y polvo
   A giant cloud of gas and dust forms

2. Comienzan a formarse grumos dentro de la nube
   Clumps begin to form within the cloud

3. El núcleo de la estrella emergente se vuelve denso
   The core of the emerging star becomes dense

4. El núcleo se condensa formando una estrella joven rodeada por un disco de polvo
   The core condenses into a young star surrounded by a dusty disk

5. A partir del disco se forman planetas y nace un nuevo sistema solar
   Planets form from the disk and a new solar system is born.

Debido a su enorme masa, la gravedad de una estrella es tan fuerte que los átomos del centro se fusionan formando átomos más grandes. Este proceso libera calor y luz. Nuestro sol es una estrella, como muchas otras en el cielo nocturno. La fusión de átomos en el centro del sol genera el calor y la luz que hacen posible la vida en la Tierra. La temperatura del sol es de 27 millones de grados Fahrenheit (15 millones de grados Celsius) en el centro y diez mil grados Fahrenheit (5500 grados Celsius) en la superficie. Si bien muchas otras estrellas son tan poderosas como nuestro sol, ninguna está lo suficientemente cerca de la Tierra como para que podamos sentir su calor o ver su luz durante el día.

Due to its enormous mass, a star's gravity is so strong that the atoms in the center fuse together into bigger atoms. This process releases heat and light. Our sun is a star, just like many others in the night sky. The fusion of atoms in the center of the sun generates the heat and light that makes life on Earth possible. The temperature of the sun is 27 million degrees Fahrenheit (15 million degrees Celsius) in the center and ten thousand degrees Fahrenheit (5,500 degrees Celsius) at the surface. While many other stars are as powerful as our sun, none are close enough to Earth for us to feel their heat or see their light during the day.

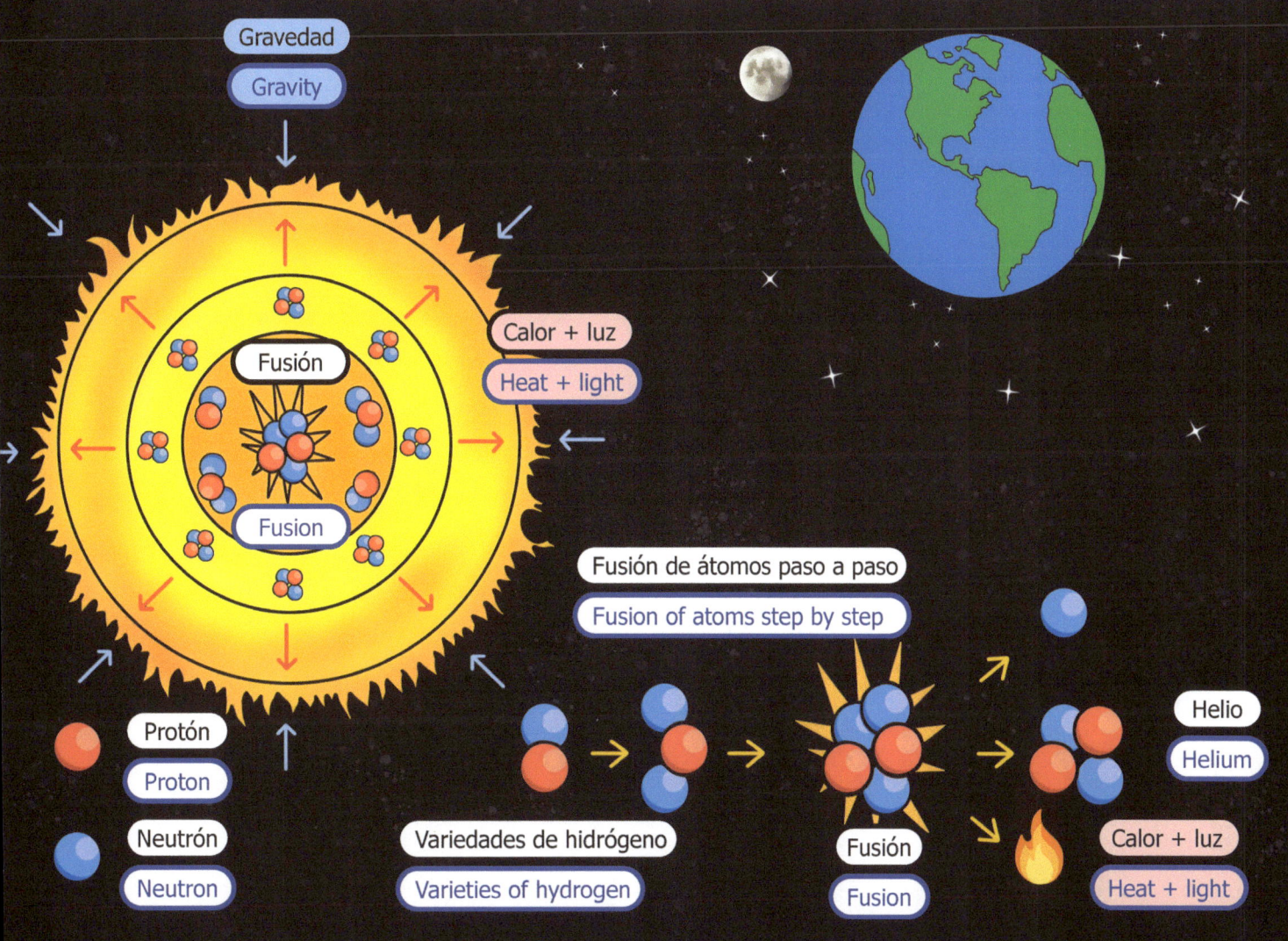

Cuando los átomos de hidrógeno y helio se fusionan en el centro de las estrellas, forman átomos más grandes como carbono, oxígeno, nitrógeno y hierro. Si una estrella explota (supernova) al final de su vida, los átomos más grandes se dispersan y se envían a otras partes del universo, donde pueden incorporarse a nuevas estrellas o planetas como el nuestro. La Tierra tuvo la suerte de recibir grandes cantidades de átomos más grandes, que más tarde se convirtieron en los componentes básicos de la vida.

As hydrogen and helium atoms fuse together in the center of stars, they form bigger atoms like carbon, oxygen, nitrogen and iron. If a star explodes (supernova) at the end of its life, the bigger atoms are scattered and sent to other parts of the universe, where they can be incorporated into new stars or planets like our own. The Earth was fortunate to receive large quantities of the bigger atoms, which later became the building blocks of life.

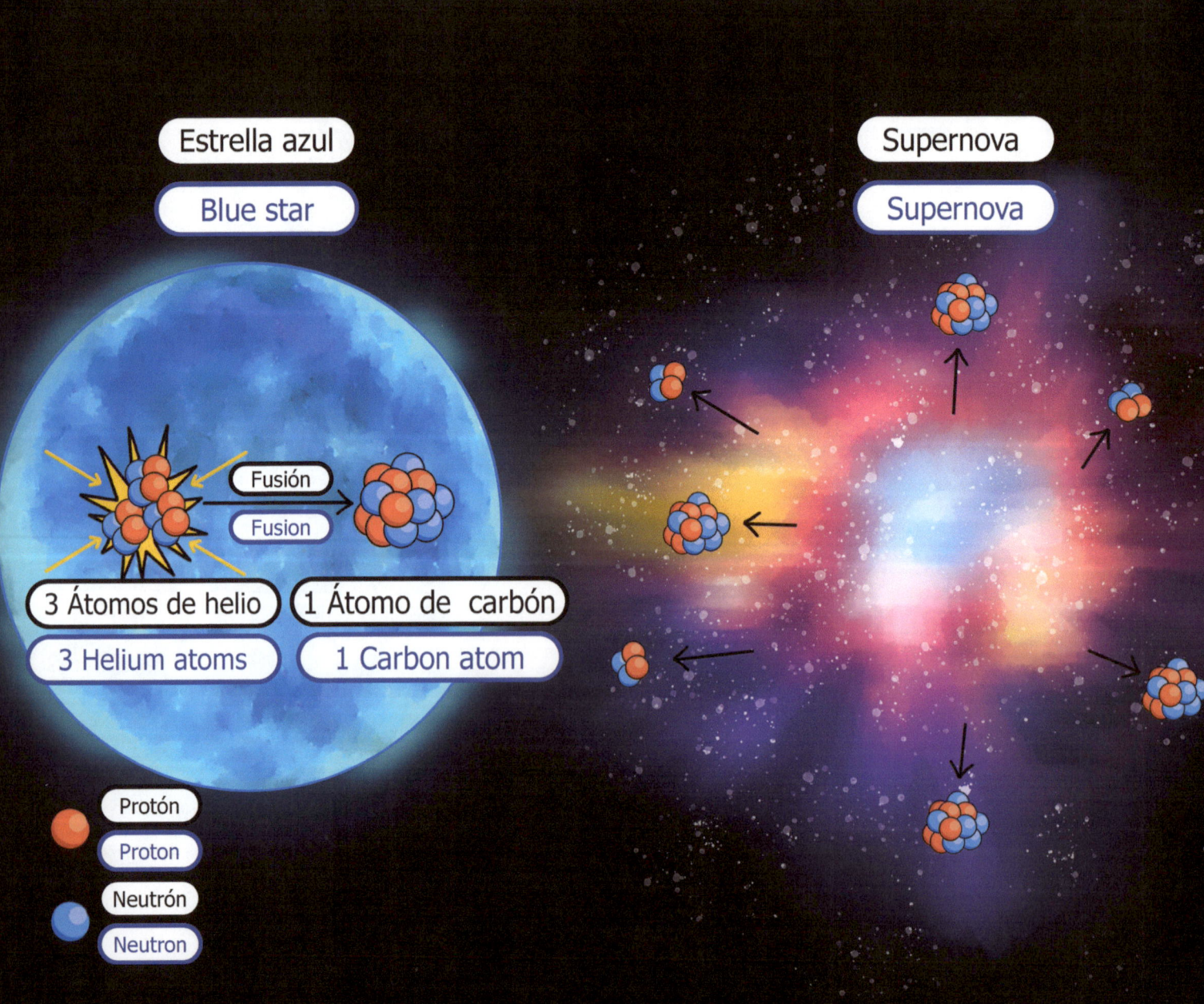

Estrella azul / Blue star

Supernova / Supernova

Fusión / Fusion

3 Átomos de helio / 3 Helium atoms

1 Átomo de carbón / 1 Carbon atom

Protón / Proton

Neutrón / Neutron

La Tierra, y toda la vida en la Tierra, está hecha de polvo estelar. Nuestro aire está compuesto de oxígeno y nitrógeno. El agua está hecha de oxígeno e hidrógeno. Las plantas y los animales están construidos con carbono y los genes de la vida contienen carbono, oxígeno y nitrógeno. El hierro en nuestra sangre transporta oxígeno por todo nuestro cuerpo, lo que nos ayuda a convertir los alimentos en energía. Todos estos átomos más grandes se formaron en el centro de estrellas que explotaron hace mucho tiempo.

The Earth, and all life on Earth, is made from star dust. Our air is composed of oxygen and nitrogen. Water is made from oxygen and hydrogen. Plants and animals are built with carbon, and the genes of life contain carbon, oxygen and nitrogen. The iron in our blood carries oxygen throughout our bodies, which helps us turn food into energy. All of these bigger atoms were made in the center of stars that exploded long ago.

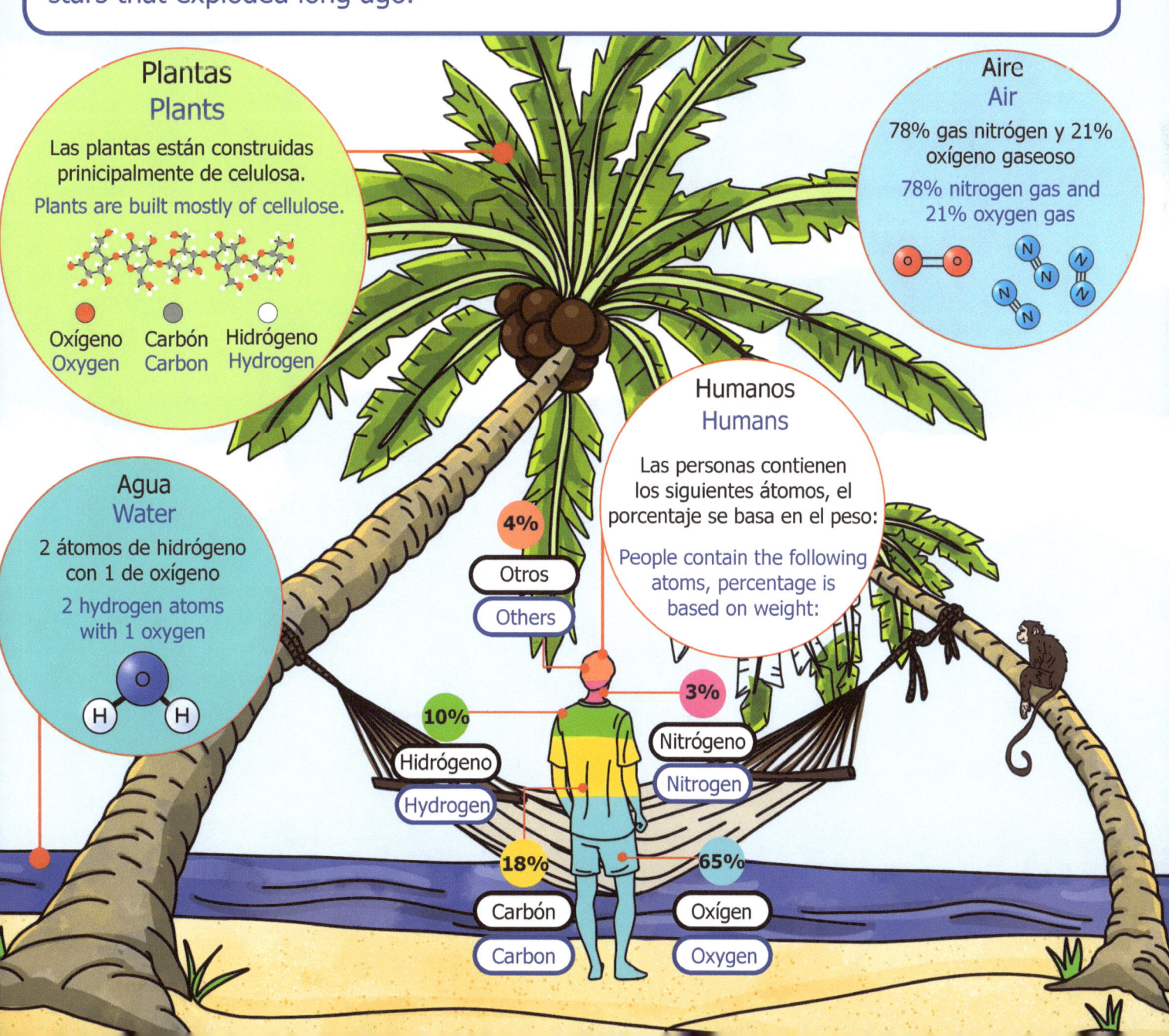

Plantas / Plants
Las plantas están construidas prinicipalmente de celulosa.
Plants are built mostly of cellulose.
Oxígeno / Oxygen — Carbón / Carbon — Hidrógeno / Hydrogen

Aire / Air
78% gas nitrógen y 21% oxígeno gaseoso
78% nitrogen gas and 21% oxygen gas

Agua / Water
2 átomos de hidrógeno con 1 de oxígeno
2 hydrogen atoms with 1 oxygen

Humanos / Humans
Las personas contienen los siguientes átomos, el porcentaje se basa en el peso:
People contain the following atoms, percentage is based on weight:

- 4% Otros / Others
- 10% Hidrógeno / Hydrogen
- 3% Nitrógeno / Nitrogen
- 18% Carbón / Carbon
- 65% Oxígen / Oxygen

La Tierra vive en un vecindario de 8 planetas que giran alrededor del sol. A este vecindario lo llamamos "sistema solar". El sol es más grande que un millón de Tierras y 591 veces más grande que los ocho planetas juntos. La gravedad del sol mantiene a los planetas en órbita circular. Es como sujetar una pelota por una cuerda y girarla en círculo. La distancia entre el Sol y la Tierra es de 93 millones de millas (149 millones de kilómetros). Somos el tercer planeta desde el sol.

The Earth lives in a neighborhood of 8 planets that rotate around the sun. We call this neighborhood the solar system. The sun is bigger than a million Earths and 591 times as big as all eight planets combined. The sun's gravity holds the planets in circular orbit, like holding a ball by a string and spinning around in a circle. The distance between the sun and the Earth is 93 million miles (149 million kilometers). We are the third planet from the sun.

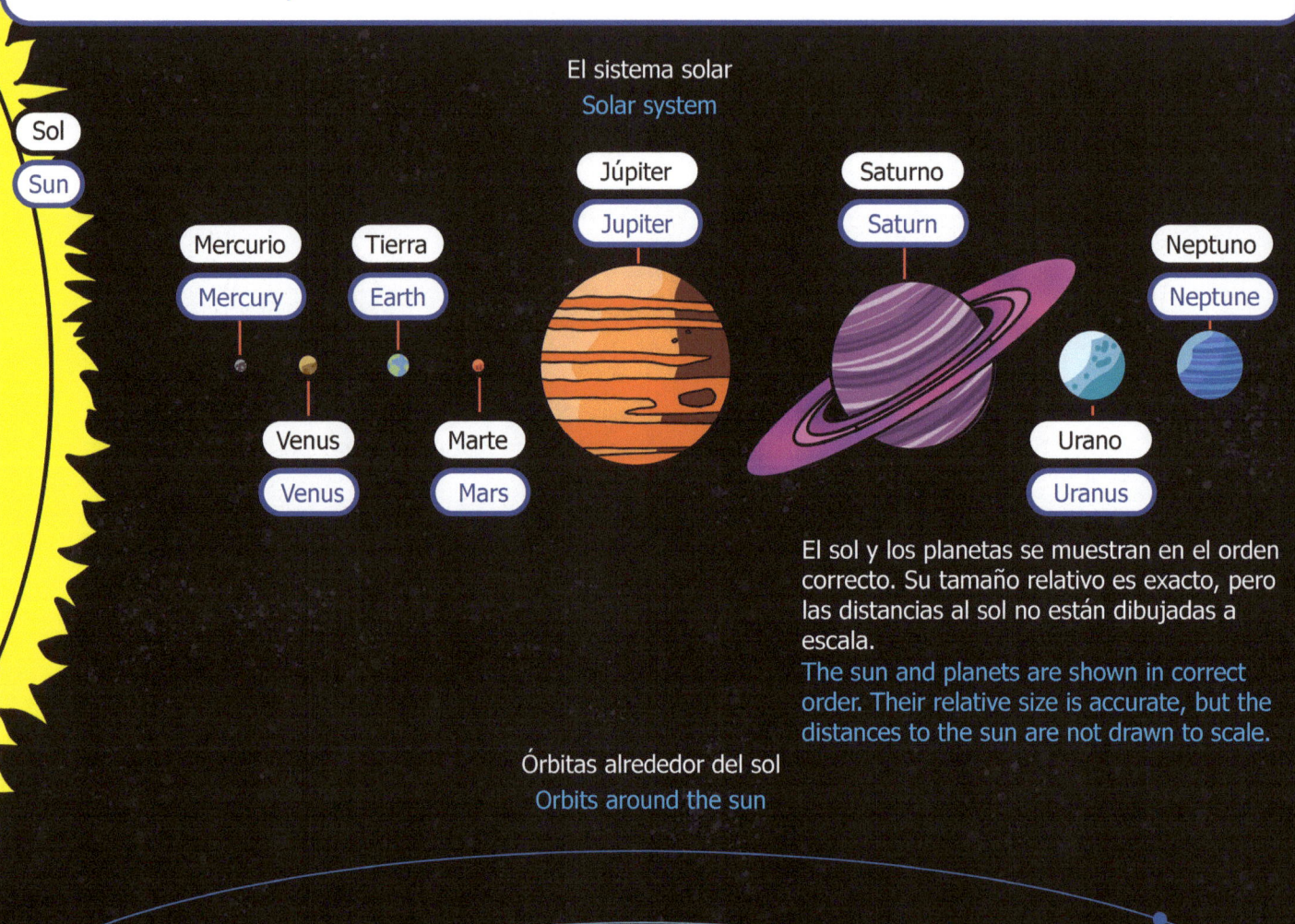

El sistema solar
Solar system

El sol y los planetas se muestran en el orden correcto. Su tamaño relativo es exacto, pero las distancias al sol no están dibujadas a escala.
The sun and planets are shown in correct order. Their relative size is accurate, but the distances to the sun are not drawn to scale.

Órbitas alrededor del sol
Orbits around the sun

Tinturón de esteróides
Asteroid belt

Las órbitas de los planetas y sus distancias relativas al sol están dibujadas con precisión.
The orbits of the planets and their relative distances to the sun are drawn accurately.

Nuestro sistema solar se formó hace unos 4.600 millones de años a partir de nubes de gas y rocas. Parte de este material provino directamente del Big Bang, pero la mayor parte fue reciclado de estrellas que explotaron y liberaron sus gases al espacio exterior. El sol capturó la mayor parte de la nube de gas y los planetas, lunas y asteroides capturaron la mayor parte del resto. La rotación de los planetas alrededor del Sol es una continuación del movimiento de la nube de gas original. El material que se movía a velocidad y dirección equivocadas se desvió hacia el espacio o chocó contra el sol mientras se estaba formando el sistema solar.

Our solar system formed around 4.6 billion years ago from clouds of gas and rock. Some of this material came directly from the Big Bang, but most of it was recycled from exploded stars that released their gases back into outer space. The sun captured the majority of the gas cloud, and the planets, moons and asteroids captured most of the rest. The rotation of the planets around the sun is a continuation of the motion of the original gas cloud. Material moving at the wrong speed and direction either drifted off into space or crashed into the sun as the solar system was forming.

Formación del sistema solar

Formation of the solar system

Un año es el tiempo que tarda un planeta en dar una vuelta completa alrededor del sol. Si tienes cinco años en la Tierra, ¡has dado cinco vueltas al Sol! Sin embargo, Mercurio, el planeta más cercano al sol, da cuatro revoluciones alrededor del sol antes de que nosotros terminemos una. Por lo tanto, ¡el mismo niño de cinco años de la Tierra que vive en Mercurio tendría veinte años de Mercurio!

A year is the time it takes for a planet to make a full circle around the sun. If you are five years old on Earth, you've traveled around the sun five times! However, Mercury, the closest planet to the sun, makes four revolutions around the sun before we finish one. So, the same five year old from Earth living on Mercury would be twenty Mercury years old!

Planeta (Planet)	1 orbita (1 orbit)	Tiempo de la Tierra (Earth time)
Mercurio (Mercury)	1 año de Mercurio equivale a... (1 Mercury year equals...)	88 dias terrestres (Earth days)
Venus (Venus)	1 año de Venus equivale a...(1 Venus year equals...)	225 dias terrestres (Earth days)
Tierra (Earth)	1 año terrestre equivale a...(1 Earth year equals...)	365 dias terrestres (Earth days)
Marte (Mars)	1 año de Marte equivale a...(1 Mars year equals...)	687 dias terrestres (Earth days)
Júpiter (Jupiter)	1 año de Júpiter equivale a...(1 Jupiter year equals...)	12 años terrestres (Earth years)
Saturno (Saturn)	1 año de Saturno equivale a...(1 Saturn year equals...)	30 años terrestres (Earth years)
Urano (Uranus)	1 año de Urano equivale a...(1 Uranus year equals...)	84 años terrestres (Earth years)
Neptuno (Neptune)	1 año de Neptuno equivale...(1 Neptune year equals...)	165 años terrestres (Earth years)

La inclinación de la Tierra con respecto al sol provoca el cambio de estaciones. Durante parte de la rotación de la Tierra alrededor del Sol, nos inclinamos hacia el Sol y experimentamos el verano. Cuando nos inclinamos lejos del sol, llegamos al invierno. Ten en cuenta que cuando el Norte se inclina hacia el sol, el Sur se inclina hacia afuera. En consecuencia, cuando es invierno en el Norte, es verano en el Sur. Cerca del ecuador, la Tierra apenas se inclina, por lo que hay mucha menos variación estacional.

The Earth's tilt in relation to the sun causes the change in seasons. During part of the Earth's rotation around the sun, we tilt towards the sun, and we experience summer. When we're tilted away from the sun, we get winter. Keep in mind that when the North tilts towards the sun, the South tilts away. Consequently, when it's winter in the North, it's summer in the South. Near the equator, the Earth hardly tilts, so there's much less seasonal variation.

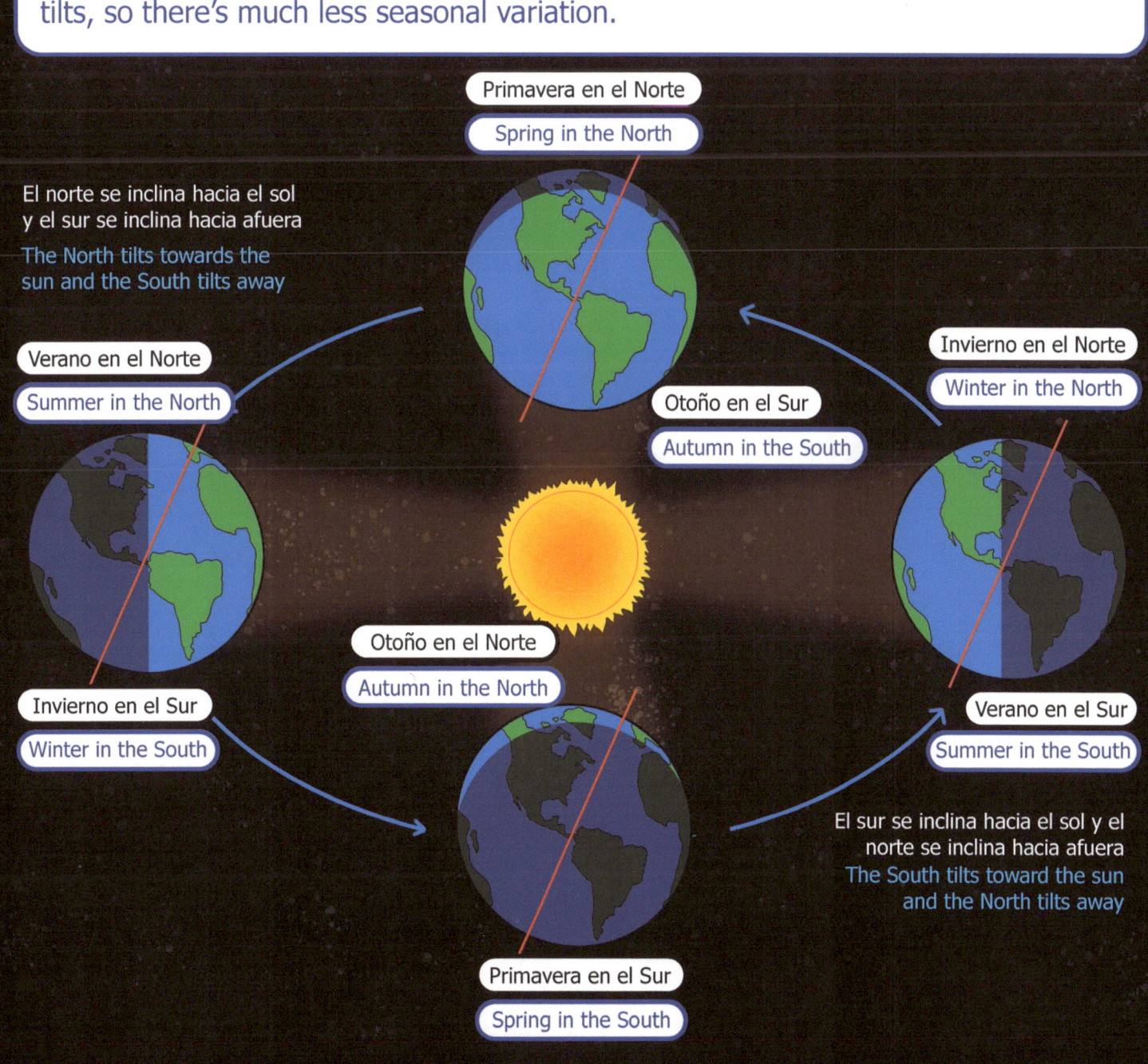

A medida que la Tierra viaja alrededor del sol, también gira como una pelota de baloncesto en el dedo de un jugador. La rotación la Tierra provoca el día y la noche. El día ocurre cuando nuestra parte de la Tierra mira hacia el sol. Cuando nos alejamos del sol, se hace de noche. Ten en cuenta que cuando para ti es de día, en la otra parte del mundo es de noche. Además, la duración del día es diferente en cada planeta. Mientras que la Tierra tiene un día de 24 horas, Marte tiene un día de 25 horas y, en Venus, que gira lentamente, ¡un día dura 5.832 horas!

As the Earth travels around the sun, it also spins like a basketball on a player's finger. The Earth's spin causes daytime and nighttime. Daytime occurs when our part of the Earth faces the sun. When we face away from the sun, it becomes night. Keep in mind that when it's daytime for you, it's nighttime halfway around the world. Furthermore, the day's length is different on every planet. While Earth has a 24 hour day, Mars has a 25 hour day, and—on slow spinning Venus— a day lasts 5,832 hours!

La Tierra gira alrededor del Sol a una velocidad de 67.000 millas (107.000 kilómetros) por hora. Al mismo tiempo, gira como una pelota de baloncesto a 1.000 millas (1.600 kilómetros) por hora en el ecuador. No podemos sentir estos movimientos porque todo lo que nos rodea se mueve a la misma velocidad. Del mismo modo, puedes viajar en un coche a toda velocidad y sentir que no te mueves. Dondequiera que vayamos en la Tierra, la gravedad nos mantiene a nosotros y a todo lo que nos rodea conectados a la superficie. Durante la mayor parte de la historia de la humanidad, la gente supuso que la Tierra era plana y que el Sol giraba alrededor de la Tierra. Es natural para nosotros asumir que las cosas son tal como las percibimos. Sin embargo, la ciencia muchas veces descubre que nuestras percepciones son muy diferentes a la realidad.

The Earth races around the sun at a speed of 67,000 miles (107,000 kilometers) per hour. Simultaneously, it spins like a basketball at 1,000 miles (1,600 kilomiters) per hour at the equator. We cannot feel these movements, because everything around us moves at the same speed. Similarly, you can ride in a speeding car and feel like you're not moving. Wherever we go on Earth, gravity keeps us, and everything around us, connected to the Earth's surface. For most of human history, people assumed that the Earth was flat and the sun rotated around the Earth. It's natural for us to assume that things are as we perceive them. However, science often discovers that our perceptions are very different from reality.

Puesta de sol desde la tierra — Sunset from Earth

Puesta de sol desde el espacio — Sunset from space

Las lunas orbitan alrededor de los planetas de la misma manera que los planetas orbitan alrededor de las estrellas. Cuando una luna viaja por el espacio, la gravedad de su planeta la empuja a realizar un movimiento circular. La Tierra tiene una luna, la cual tiene un cuarto del tamaño de la Tierra, que aporta luz y belleza al cielo nocturno. Mercurio y Venus no tienen lunas, Marte tiene dos lunas pequeñas y Saturno tiene 146 lunas en total. Los planetas adquieren sus lunas de cuatro maneras diferentes. La primera manera, algunas lunas se formaron junto a sus planetas a partir de la nube de gas original durante el nacimiento del sistema solar. La segunda manera en que las lunas pueden formarse es cuando pedazos de un planeta se desprenden durante su formación. La tercera manera es que los planetas pueden capturar lunas cuando los asteroides (pequeños planetas que orbitan alrededor del sol) son arrastrados a la órbita del planeta. Por último, las colisiones entre planetas, o entre un planeta y un asteroide, pueden provocar fragmentación y el material expulsado se convierte en una luna.

Moons orbit planets in the same way that planets orbit stars. As a moon travels through space, its planet's gravity pulls it into circular motion. The Earth has one moon, a quarter of the size of the Earth, that brings light and beauty to the night sky. Mercury and Venus have no moons, Mars has two small moons, and Saturn has 146 in total. Planets acquire their moons in four different ways. First, some moons formed alongside their planets from the original gas cloud during the birth of the solar system. Second, moons can form when pieces of a planet break off during formation. Third, planets can capture moons when asteroids (small planets orbiting the sun) get pulled into the planet's orbit. Finally, collisions between planets, or between a planet and an asteroid, can cause fragmentation, with the ejected material becoming a moon.

La luna
Moon

La Tierra
Earth

La mayoría de los científicos creen que la luna de la Tierra fue el resultado de una colisión. Según esta teoría, hace unos 4.500 millones de años, poco después de la formación de la Tierra, la Tierra chocó con un planeta llamado Theia. Theia tenía la mitad del tamaño de la Tierra y viajaba demasiado cerca de la órbita terrestre. Theia se fragmentó durante la colisión, parte de ella se fusionó con la Tierra y otra parte se mezcló con escombros de la Tierra para formar la luna. La evidencia de esta teoría proviene de muestras de suelo y rocas lunares recolectadas por humanos que viajaron a la Luna en cohetes entre 1969 y 1972. Las diferencias entre la Luna y la Tierra sugieren que no se formaron juntas, pero la Luna también contiene material que probablemente vino desde la Tierra. La explicación más probable es una colisión entre la Tierra y otro planeta, y las simulaciones por computadora muestran cómo pudo haber ocurrido esta colisión.

Most scientists believe that the Earth's moon resulted from a collision. According to this theory, around 4.5 billion years ago, shortly after the Earth's formation, the Earth crashed with a planet called Theia. Theia was half the size of the Earth and traveled too close to the Earth's orbit. Theia fragmented during the collision, with some of it merging into the Earth, and some of it mixing with debris from the Earth to form the moon. Evidence for this theory comes from lunar soil and rock samples collected by humans who traveled to the moon on rocketships between 1969 and 1972. The moon's differences from the Earth suggest that they didn't form together, but the moon also contains material that likely came from the Earth. A collision between the Earth and another planet is the most likely explanation, and computer simulations show how this collision may have occurred.

Theia

La Tierra antes de que se formaran los oceanos

Earth before the oceans formed

La "luz" de la luna es en realidad la luz del sol que se refleja en la superficie de la luna. La luna no tiene luz propia. Aunque el sol siempre brilla sobre la mitad de la superficie de la luna, la cantidad de "luz lunar" que vemos cambia cada noche a medida que la luna orbita la Tierra, lo que hace que parezca que la luna está cambiando de forma. Cuando no hay luna visible, se llama "luna nueva" y cuando la luna aparece como un círculo completo, se llama "luna llena". El ciclo completo de luna nueva a luna nueva, o de luna llena a luna llena, dura 29,5 días, correspondiente al tiempo que tarda la luna en orbitar una vez alrededor de la Tierra. La previsibilidad del ciclo lunar ha sido útil para las sociedades humanas para crear calendarios y medir el tiempo. Aunque la mayoría de las sociedades utilizan ahora calendarios basados en el sol, muchos días festivos todavía se programan utilizando calendarios lunares, y un mes es aproximadamente el tiempo de un ciclo lunar.

The moon's "light" is actually sunlight reflecting off the moon's surface. The moon has no light of its own. Although the sun always shines on half of the moon's surface, the amount of "moonlight" we see changes nightly as the moon orbits the Earth, making it seem like the moon is changing its shape. When no moon is visible, it's called a "new moon," and when the moon appears as a complete circle, it's called a "full moon." The full cycle from new moon to new moon–or from full moon to full moon–takes 29.5 days, corresponding to the time it takes the moon to orbit once around the Earth. The predictability of the moon cycle has been useful to human societies for creating calendars and measuring time. Although most societies now use calendars based on the sun, many holidays are still scheduled using lunar calendars, and a month is roughly the timing of one moon cycle.

Las fases de la luna
The phases of the moon

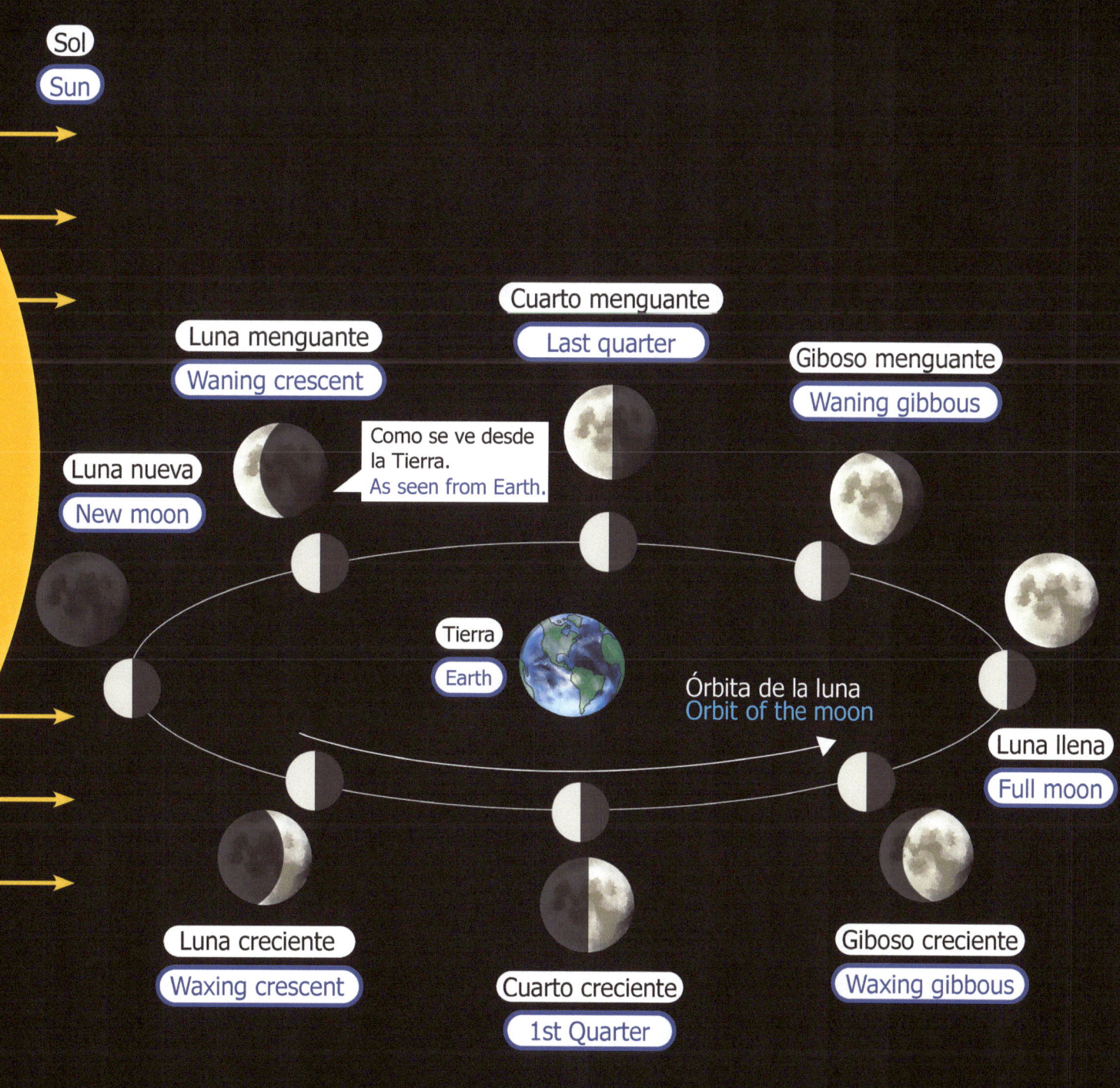

La vida en la Tierra comenzó en los océanos hace 3.800 millones de años. Las primeras formas de vida eran pequeñas y simples como las bacterias, pero finalmente evolucionaron hasta convertirse en los organismos complejos que vemos hoy. La Tierra tiene dos grandes ventajas que facilitan la vida. Primero, heredamos átomos más grandes como el carbono, el oxígeno, el nitrógeno y el hierro, que sirven como componentes básicos de la vida. Sin oxígeno no podría haber agua y la vida en la Tierra necesita agua para sobrevivir. En segundo lugar, nuestra distancia del sol nos proporciona un clima moderado. En comparación, Venus, que está más cerca del Sol, tiene una temperatura promedio de 470 grados Celsius, por lo que el agua se convertiría instantáneamente en vapor. Marte, que está más lejos del sol, tiene una temperatura promedio de -63 grados centígrados, por lo que el agua superficial se congelaría. Es mucho más difícil que exista vida en estas condiciones extremas.

Life on Earth began in the oceans 3.8 billion years ago. The earliest life forms were small and simple like bacteria, but ultimately, they evolved into the complex organisms we see today. The Earth has two major advantages that facilitate life. First, we inherited bigger atoms like carbon, oxygen, nitrogen and iron that serve as the building blocks of life. Without oxygen there could be no water, and life on Earth needs water to survive. Secondly, our distance from the sun gives us a moderate climate. By comparison, Venus, which is closer to the sun, has an average temperature of 470 degrees Celsius, so water would instantly turn into steam. Mars, which is further from the sun, has an average temperature of -63 degrees Celsius, so surface water would freeze and become ice. It is much harder for life to exist in these extreme conditions.

Venus / Venus   Marte / Mars   Tierra / Earth

Los científicos creen que la primera forma de vida surgió por casualidad. En los océanos de la Tierra primitiva, los átomos básicos podían mezclarse como ingredientes en una sopa hasta formar ARN, una configuración de átomos que puede copiarse a sí misma. Una vez establecidos, estos ARN podrían interactuar para crear mejores estructuras que sustentan la vida, y las mejoras se producirán con el tiempo. La creación espontánea de vida probablemente ocurrió sólo una vez, y la vida posterior evolucionó a partir de formas de vida anteriores. Toda la vida en la Tierra todavía utiliza ARN, que copia genes (rasgos innatos adquiridos de los padres) y transmite información de esos genes al resto del cuerpo.

Scientists believe that the very first life form arose by chance. In the early Earth's oceans, the building block atoms could mix like ingredients in a soup until they formed RNA, a configuration of atoms that can copy itself. Once established, these RNAs could interact to create better life-sustaining structures, with improvements occurring over time. The spontaneous creation of life likely occurred only once, with subsequent life evolving from earlier life forms. All life on Earth still uses RNA, which copies genes (inborn traits acquired from parents) and passes information from those genes to the rest of the body.

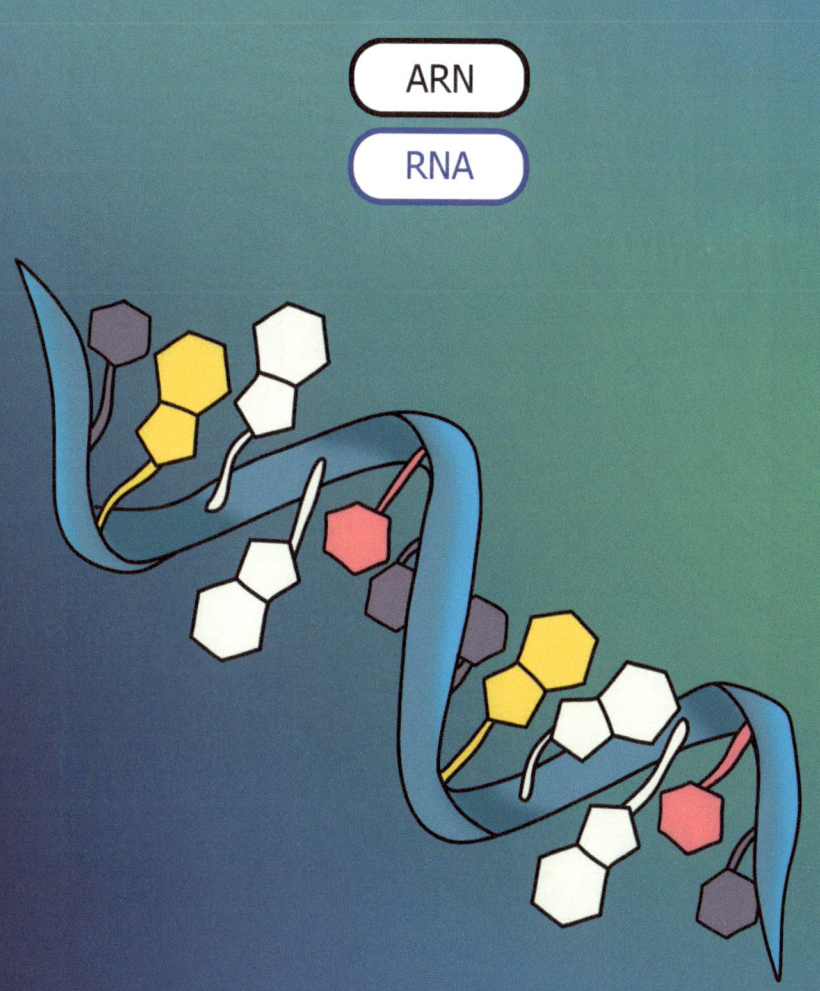

ARN

RNA

La vida es improbable y especial. En la Tierra, tenemos la suerte de tener una increíble diversidad de formas de vida avanzadas e inteligentes. Los humanos, además, somos inteligentes y tecnológicos, lo que nos hace capaces de explorar los misterios de nuestro universo. En la actualidad, no somos conscientes de la existencia de vida en ningún otro planeta excepto el nuestro. Sin embargo, dado el tamaño del universo, con miles de millones de billones de planetas, debe haber más planetas similares a la Tierra donde la vida tal como la conocemos podría evolucionar. Además, puede haber vías alternativas para crear y sostener vida en planetas diferentes al nuestro. Estos ejemplos, si se descubren, podrían cambiar nuestra comprensión de qué es la vida y cuánta vida hay ahí fuera.

Life is rare and special. On Earth, we are blessed to have an incredible diversity of advanced and intelligent life forms. Humans, moreover, are both intelligent and technological, which makes us capable of exploring the mysteries of our universe. At present, we are not aware of life on any other planet except our own. However, given the size of the universe, with billions of trillions of planets, there must be more Earth-like planets where life as we know it could evolve. Furthermore, there may be alternative pathways for creating and sustaining life on planets different from our own. Such examples, if discovered, could change our understanding of what life is and how much of it is out there.

¿Deberíamos buscar vida en otros planetas? Desde luego, el descubrimiento de vida en otros mundos profundizaría nuestra comprensión de nuestro lugar en el universo. Potencialmente, otros mundos podrían tener conocimientos o recursos que nos sean útiles. Sin embargo, el encuentro de dos mundos también podría ser peligroso. El otro mundo podría ser mucho más primitivo o mucho más avanzado que el nuestro. Un mundo podría intentar apoderarse del otro o podría transmitir enfermedades accidentalmente. Las civilizaciones tecnológicas como la nuestra, capaces de explorar el espacio, también son capaces de provocar una destrucción increíble. Es posible que estas civilizaciones no sobrevivan más allá de cierto punto sin abrazar la paz y la sostenibilidad ambiental. Según esta lógica, existe la esperanza de que una civilización alienígena avanzada elija hacerse amiga de nosotros, en lugar de destruirnos. Del mismo modo, debemos abrazar la paz en nuestro propio mundo antes de buscar otros.

Should we go looking for life on other planets? Certainly, the discovery of life on other worlds would deepen our understanding of our place in the universe. Potentially, other worlds might have knowledge or resources that are useful to us. However, the meeting of two worlds could also be dangerous. The other world could be far more primitive or far more advanced than our own. One world might attempt to take over the other, or might accidentally transmit disease. Technological civilizations like our own, capable of exploring space, are also capable of incredible destruction. These civilizations may not survive past a certain point without embracing peace and environmental sustainability. By this logic, there is hope that an advanced alien civilization might choose to befriend us, rather than destroy us. By the same token, we ought to embrace peace in our own world before we go looking for others.

El universo todavía se está expandiendo tan rápido que las estrellas distantes se alejan de nosotros más rápido que la luz. Esto puede parecer imposible, ya que existen leyes de la física que indican que nada puede viajar más rápido que la luz. Sin embargo, el universo no viaja en el sentido tradicional. Las estrellas y los planetas mismos no se mueven ni siquiera cerca de la velocidad de la luz. En cambio, el espacio dentro del universo se estira, se hincha o se infla como un globo. La velocidad a la que los objetos se separan, a medida que el espacio se infla, es proporcional a su distancia de separación. Por lo tanto, mientras las estrellas distantes se separan más rápido que la luz, las estrellas más cercanas a nosotros apenas se separan e incluso pueden acercarse. El tamaño estimado del universo observable es de 94 mil millones de años luz de diámetro. Esto significa que, si pudieras congelar la expansión del universo y hacer brillar una luz desde un lado, llegaría al otro lado en 94 mil millones de años. En comparación, la luz del sol llega a la Tierra en ocho minutos y veinte segundos. Dado que el universo, en realidad, continúa expandiéndose más rápido que la luz, escapar de los límites de nuestro universo observable es imposible.

The universe is still expanding so fast that distant stars move away from us faster than light. This may seem impossible, since there are laws of physics that nothing can travel faster than light. However, the universe is not traveling in the traditional sense. The stars and planets themselves don't move even close to the speed of light. Instead, space within the universe is stretching, swelling or inflating like a balloon. The speed at which objects are spreading apart, as space inflates, is proportional to their distance of separation. So while distant stars are moving apart faster than light, the stars closest to us are hardly separating, and can even move closer together! The estimated size of the observable universe is 94 billion light years across. This means that if you could freeze the expansion of the universe and shine a light from one side, it would reach the other side in 94 billion years. By comparison, the sun's light reaches the Earth in eight minutes and twenty seconds. Since the universe, in reality, continues to expand faster than light, escaping the boundaries of our observable universe is impossible.

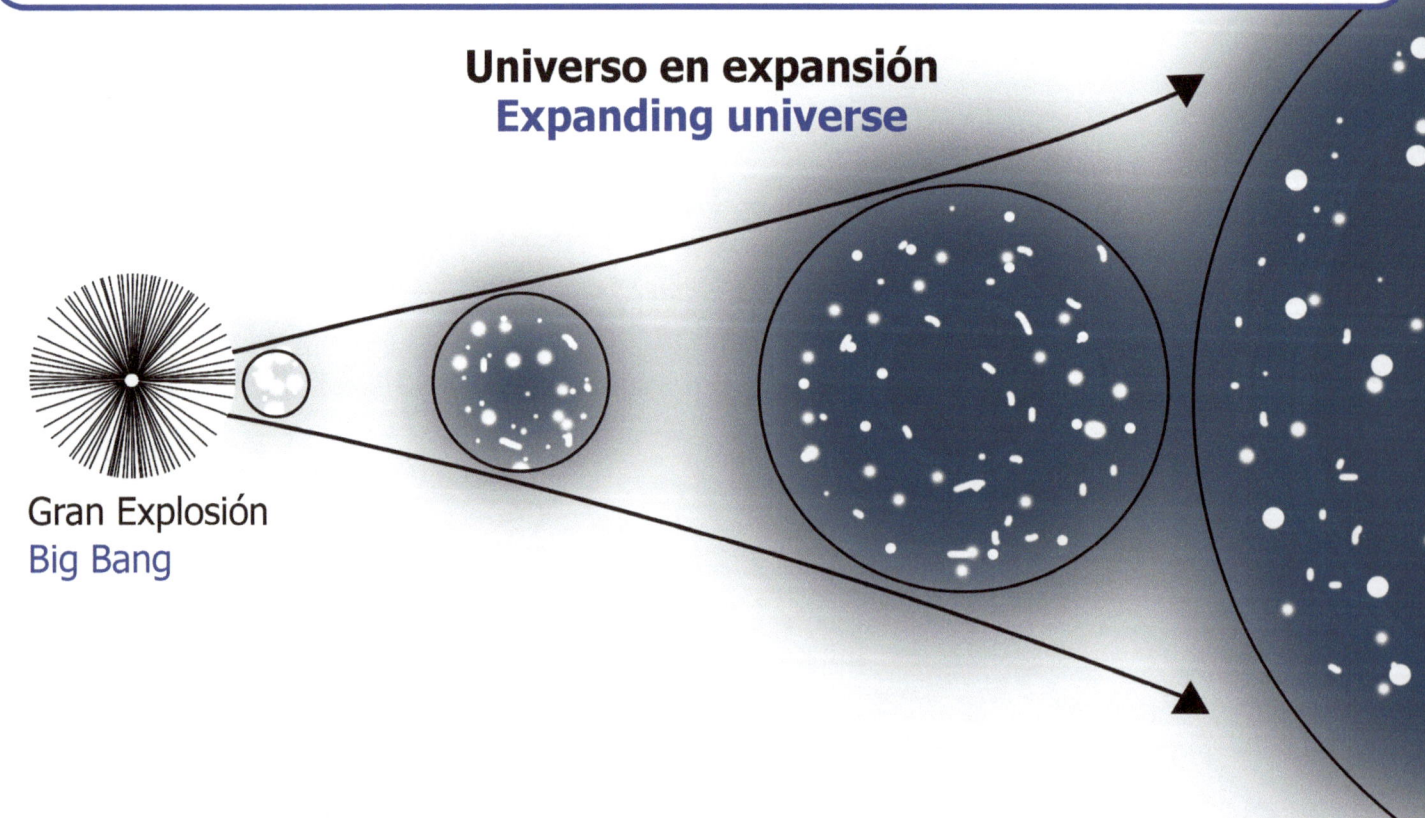

Universo en expansión
Expanding universe

Gran Explosión
Big Bang

¿Por qué el universo sigue expandiéndose? ¡No sólo sigue expandiéndose, sino que se está expandiendo más rápido con el tiempo! Una vez finalizado el Big Bang, la gravedad, en teoría, debería frenar la expansión e incluso podría reducir el universo hacia dentro sobre sí mismo. La materia volvería a juntarse, recreando las condiciones originales antes del Big Bang. Pero esto no es lo que está sucediendo. Los científicos especulan que debe haber una fuerza misteriosa llamada "energía oscura" que se opone a la gravedad y empuja al universo hacia afuera. La fuerza de la energía oscura sigue siendo la misma, mientras que los efectos de la gravedad se debilitan a medida que el universo se expande. En consecuencia, basándose en el modelo actual, los científicos predicen que el universo se expandirá para siempre y la tasa de expansión solo aumentará.

Why is the universe still expanding? Not only is it still expanding, it's expanding faster over time! With the Big Bang over, gravity, in theory, should slow the expansion and could even shrink the universe inwards on itself. Matter would come back together again, recreating the original conditions before the Big Bang. But this is not what is happening. Scientists speculate that there must be a mysterious force called "dark energy" that opposes gravity and pushes the universe outward. The force of dark energy stays the same, whereas the effects of gravity get weaker as the universe spreads apart. Consequently, based on the current model, scientists predict that the universe will expand forever, and the rate of expansion will only increase.

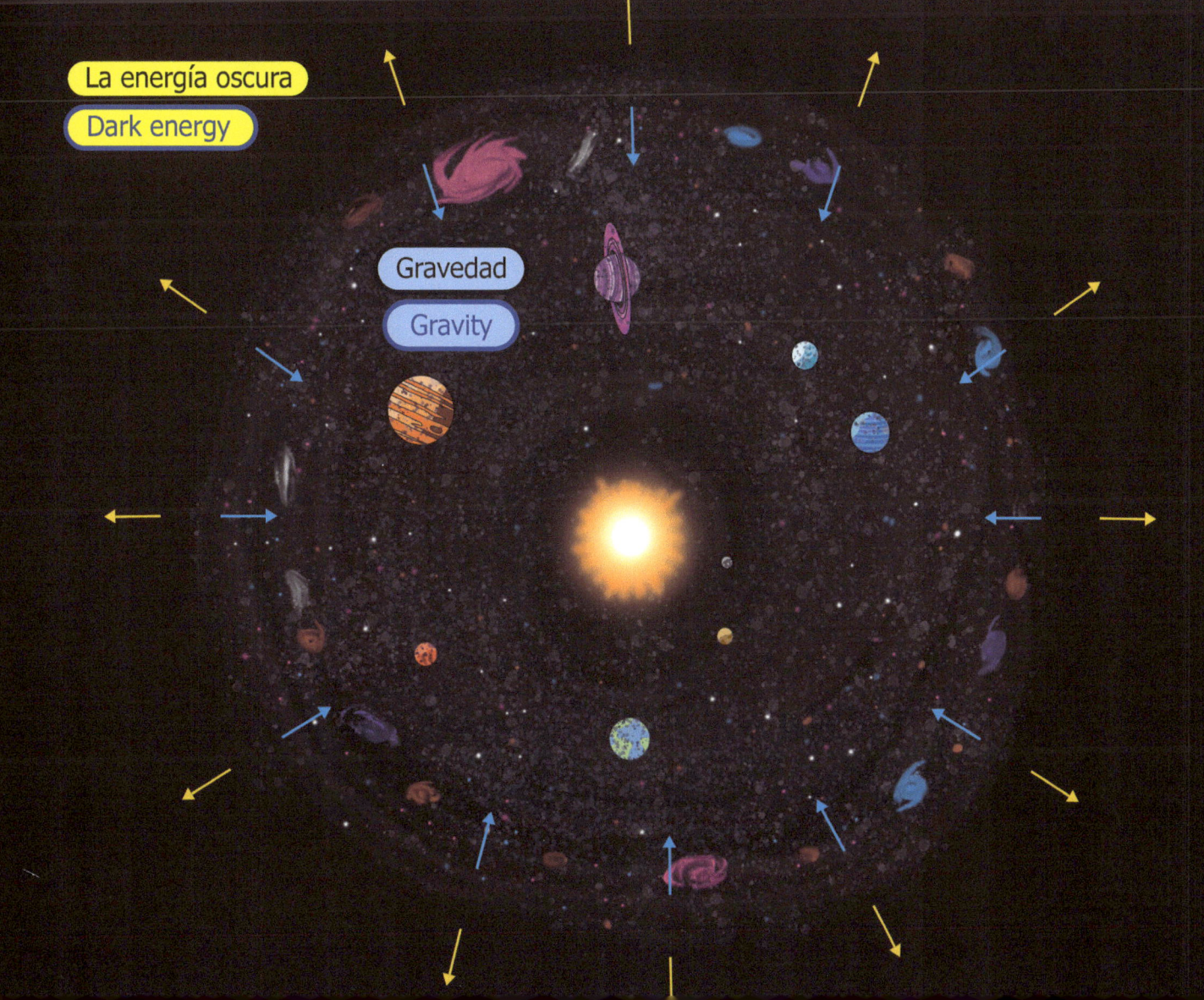

La energía oscura
Dark energy

Gravedad
Gravity

El Big Bang fue el nacimiento de nuestro universo, pero aún quedan muchos misterios. ¿Qué causó el Big Bang? ¿Qué pasó antes del Big Bang? Los científicos creen que un período llamado "inflación cósmica" precedió al Big Bang, en el que nuestro pequeño universo emergente, impulsado por un estallido masivo de energía, se expandió más rápido que la velocidad de la luz. Es posible que la inflación cósmica haya durado sólo una fracción de segundo y no sabemos de dónde provino el estallido de energía. Sin embargo, los científicos creen que la inflación y el estallido de energía que la provocó dieron origen al espacio, el tiempo, la luz, la materia y las leyes de la física que gobiernan nuestro universo. Además, la inflación prepara el escenario para el Big Bang y los casi 14 mil millones de años siguientes. El estallido de energía, sin embargo, sólo añade misterio a nuestro universo. Nuestro universo observable es probablemente parte de una realidad más grande e inobservable. Además, puede haber otros universos distintos además del nuestro. Si bien nuestra comprensión del universo observable ha crecido enormemente durante el último siglo, sólo podemos especular sobre cómo funciona el universo exterior.

The Big Bang was the birth of our universe, but many mysteries still remain. What caused the Big Bang? What happened before the Big Bang? Scientists believe that a period called "cosmic inflation" preceded the big bang, in which our tiny, emergent universe, fueled by a massive burst of energy, expanded faster than the speed of light. Cosmic inflation may have lasted only a fraction of a second, and we don't know where the burst of energy came from. Nonetheless, scientists think that the inflation, and the burst of energy that caused it, gave rise to space, time, light, matter, and the laws of physics that govern our universe. Moreover, inflation sets the stage for the Big Bang, and the nearly 14 billion years that follow. The burst of energy, however, only adds mystery to our universe. Our observable universe is likely one part of a larger, unobservable reality. Additionally, there may be other distinct universes apart from our own. While our understanding of the observable universe has grown immensely over the past century, we can only speculate as to how the outside universe operates.

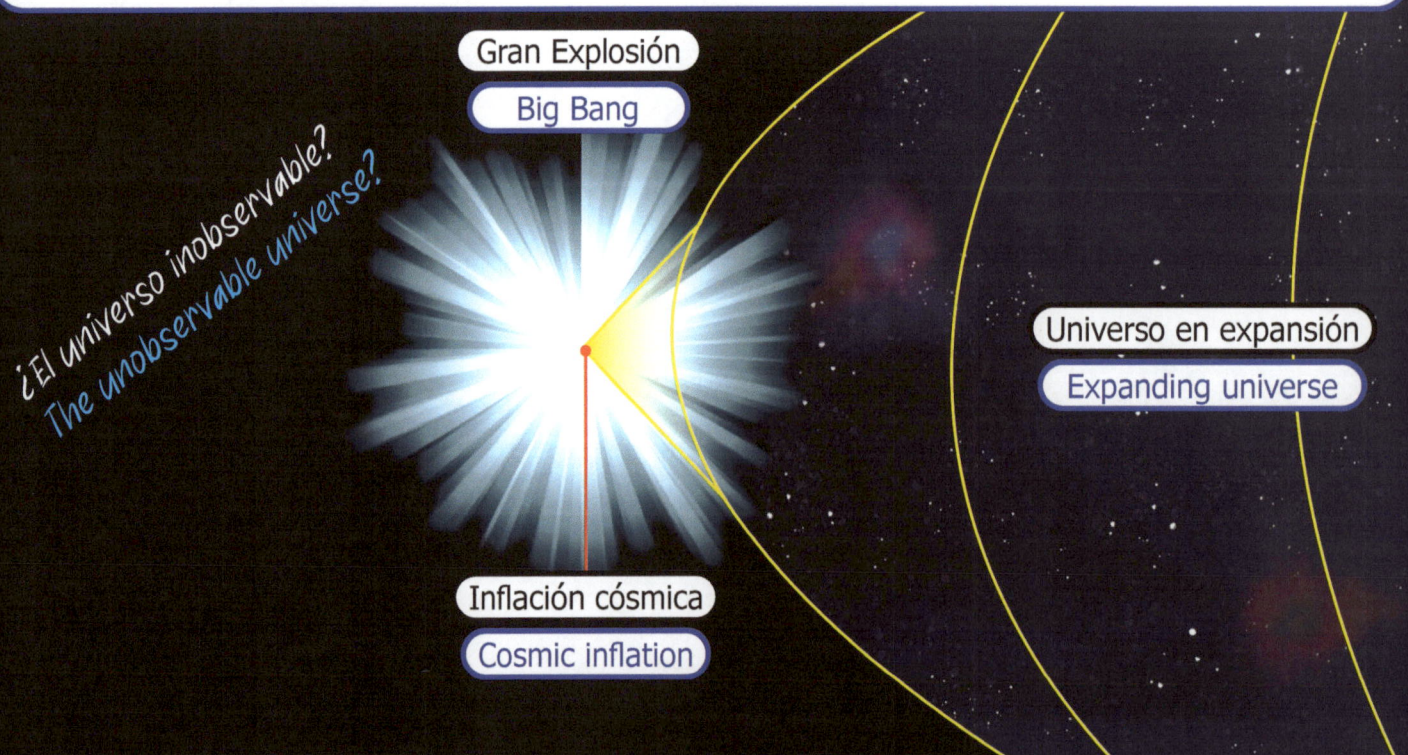

Other books by this author
Otros libros de este autor

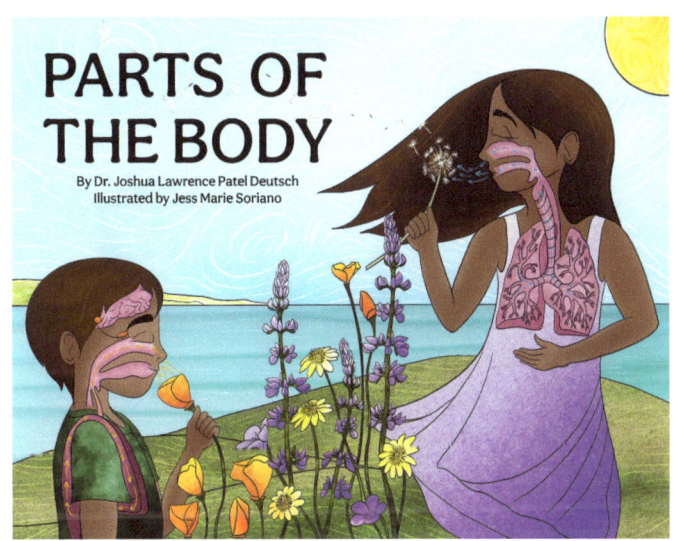

Estos son algunos de los misterios restantes que los científicos todavía están tratando deresolver. Puede que nunca tengamos las respuestas a algunas de estas preguntas, pero la ciencia trata de la búsqueda del conocimiento. Tan sólo en los últimos cien años, nuestro descubrimiento del Big Bang y la formación de estrellas y planetas ya proporciona información fascinante sobre nuestro pasado. Somos sólo una especie, vivimos en un planeta y orbitamos una de los 200 mil millones de billones de estrellas en la inmensidad del espacio exterior. Nuestro universo puede parecer solitario, pero podría estar repleto de vida y es posible que también existan otros universos. Aun así, hasta donde sabemos, somos la única especie que explora activamente los misterios de nuestra propia creación. Si bien es posible que estas investigaciones nunca revelen la razón de nuestra existencia, es de esperar que la búsqueda en sí misma nos permita descubrir nuestro propio significado y propósito.

These are some of the remaining mysteries that scientists are still trying to figure out. We may never have the answers to some of these questions, but science is about the quest for knowledge. In only the last hundred years, our discovery of the Big Bang, and the formation of stars and planets, already provides fascinating insights into our past. We are just one species, living on one planet, orbiting one of 200 billion trillion stars in the vastness of outer space. Our universe may feel lonely, but it could be brimming with life, and there might be other universes out there, too. Still, as far as we know, we are the only species actively exploring the mysteries of our own creation. While these investigations may never reveal the reason for our existence, the search itself will hopefully empower us to discover our own meaning and purpose.

www.ingramcontent.com/pod-product-compliance
Lightning Source LLC
LaVergne TN
LVHW071700060526
838201LV00037B/389